Questionnaire de lecture

Document rédigé par Baptiste Frankinet
Maitre en langues et littératures françaises et romanes
(Université de Liège)

Huis clos

Jean-Paul Sartre

lePetitLittéraire.fr

10 % DE RÉDUCTION SUR www.lePetitLittéraire.fr

Rendez-vous sur lePetitLittéraire.fr et découvrez :

- plus de 1200 analyses
- claires et synthétiques
- téléchargeables en 30 secondes
- à imprimer chez soi

Code promo : LPL-PRINT-10

QUESTIONNAIRE 7

CORRIGÉ 10

POUR ALLER PLUS LOIN 19

Jean-Paul Sartre
Écrivain et philosophe français

- **Né en 1905 à Paris**
- **Décédé en 1980 dans la même ville**
- **Quelques-unes de ses œuvres :**
  - *La Nausée* (1938), roman
  - *Huis clos* (1944), pièce de théâtre
  - *L'existentialisme est un humanisme* (1946), essai philosophique

Jean-Paul Sartre est un écrivain et un philosophe français né en 1905 à Paris et mort en 1980. Célébré en même temps que rejeté pour sa pensée existentialiste, il est l'auteur de plusieurs essais comme *L'Être et le Néant* (1943) ou *L'existentialisme est un humanisme* (1946). Il a également écrit de nombreux textes littéraires dans lesquels se déploient avec force sa philosophie et sa définition de la littérature : *La Nausée*, roman publié en 1938, *Les Mouches*, pièce de théâtre parue en 1943, ou encore *Huis clos*, édité en 1944. En 1964, il refuse le prix Nobel de la littérature et publie *Les Mots*, un récit autobiographique sur sa jeunesse. Connu aussi comme le compagnon de Simone de Beauvoir (femme de lettres française, 1908-1986), Sartre a marqué les esprits tant par son activité d'écrivain que par son engagement politique d'extrême-gauche.

Huis clos
« L'enfer, c'est les autres » : une réflexion existentielle

- **Genre :** pièce de théâtre
- **Édition de référence :** *Huis clos* suivi de *Les Mouches*, Paris, Gallimard, coll. « Folio », 1947, 245 p.
- **1re édition :** 1944
- **Thématiques :** victime-bourreau, responsabilité, liberté, autrui, regard, souffrance

Écrite en 1943 et jouée dès 1944, *Huis clos* est une pièce de théâtre qui illustre les thèses existentialistes. Sartre y met en scène trois personnages enfermés dans une même pièce et contraints de cohabiter pour l'éternité. Très vite, ils constatent leurs différences, puis perçoivent dans le regard des autres l'image qu'ils donnent d'eux-mêmes. Cette image est insupportable et, malgré leurs efforts, ils ne parviennent pas à la fuir. Finalement, on comprend que, pour Sartre, « L'enfer, c'est les autres », ou plutôt la façon dont les autres nous perçoivent.

Dans cette pièce, Sartre insiste aussi sur les thèmes de la responsabilité et de la nécessité d'un engagement politique, qui sont, pour lui, les conséquences directes de la liberté dont l'homme bénéficie.

Pour aller plus loin dans votre étude de l'œuvre, consultez aussi :

- la fiche de lecture sur *Huis clos*

Découvrez également de nombreux autres documents téléchargeables en quelques clics sur lepetitlitteraire.fr !

QUESTIONNAIRE

1. À l'aide du tableau suivant, comparez les caractéristiques morales des trois personnages.

	Garcin	Inès	Estelle
(15 lignes)			

2. Questionnaire à choix multiple. Une seule réponse est possible.

   a) *Huis clos* se déroule :
   - dans un salon chic de la banlieue parisienne
   - chez Estelle
   - en enfer

   b) Les personnages s'inventent une existence plus belle que celle qu'ils ont vécue réellement. Comment apprend-on finalement la réalité ?
   - chaque personnage a accès aux pensées des autres
   - chaque personnage éprouve des visions qu'il partage oralement
   - aucun des personnages ne parvient à dissimuler ses mensonges correctement

c) Pour quelle raison n'y a-t-il aucun miroir ?
   - les miroirs ne peuvent refléter que les êtres de chair. Puisqu'ils sont morts tous les trois, ces objets leur sont inutiles
   - l'absence de miroir oblige chaque personnage à compter sur les autres pour pouvoir avoir un regard extérieur sur lui-même
   - on ne le sait pas

d) Dans cette pièce, qui est le bourreau ?
   - les deux femmes sont les bourreaux de Garcin
   - chaque personne est un bourreau pour les deux autres
   - Garcin et Estelle sont les bourreaux d'Inès

e) Selon Sartre, l'homme est un être libre à la condition que :
   - quoi qu'il fasse, il cherche à faire le bien d'autrui
   - quoi qu'il fasse, il assume ses choix jusqu'au bout
   - quoi qu'il fasse, il agisse dans son propre intérêt

3. Quelle est la raison que chacun des personnages avance pour expliquer sa présence en ces lieux ?
(9 lignes)

4. Quelle est la cause réelle de leur présence ?
(9 lignes)

5. Intéressez-vous au personnage d'Inès.

   a) Qu'est-ce qui la différencie des autres personnages ?
   (4 lignes)

b) Quelles sont les conséquences de cette différence de caractère sur les deux autres personnages ?
(4 lignes)

6. Dans l'acte V, Garcin propose trois moyens pour éviter que chacun souffre de la présence des autres. Décrivez ces trois moyens.
(9 lignes)

7. Pourquoi ces trois solutions se révèlent-elles irréalisables ?
(15 lignes)

8. Concentrez-vous sur le langage de chaque personnage. Que révèle-t-il au lecteur ?
(15 lignes)

9. Peut-on considérer *Huis clos* comme une tragédie ? Justifiez.
(25 lignes)

10. Lorsqu'il énonce la fameuse phrase « L'enfer, c'est les autres » à travers la bouche d'Inès, qu'exprime clairement Jean-Paul Sartre ?
(25 lignes)

CORRIGÉ

1. À l'aide du tableau suivant, comparez les caractéristiques morales des trois personnages.

Garcin	Inès	Estelle
Garcin se dit pacifiste. Il est pourtant agressif, violent, colérique, nerveux et aime faire souffrir les autres.	Inès aime voir souffrir les autres. Elle est consciente de sa méchanceté.	Estelle est une femme superficielle. Elle accorde beaucoup d'importance au paraitre, à sa réputation.
Garcin fait preuve de mauvaise foi dans ses convictions : il fuit la réalité et se ment à lui-même, ainsi qu'aux autres.	Elle est extrêmement lucide à propos de ses actes, mais aussi à propos de ceux des autres.	Elle ne présente ni force de caractère, ni volonté. Elle ne veut pas réfléchir.
	Elle recherche l'affection d'autrui, surtout des femmes. Pour ce faire, elle n'hésite pas à aller jusqu'à l'humiliation.	Elle est déterministe et préfère croire qu'elle a suivi une voie toute tracée plutôt que d'assumer son destin.
		Séductrice, elle est prête à se soumettre et à susciter le désir, à défier pour qu'on la croie. Elle cherche à séduire Garcin, mais pas Inès, car elle ne veut pas nuire à sa réputation en passant pour une homosexuelle.

2. Questionnaire à choix multiple. Une seule réponse est possible.

   a) *Huis clos* se déroule :
   - dans un salon chic de la banlieue parisienne
   - chez Estelle
   - **en enfer**

b) Les personnages s'inventent une existence plus belle que celle qu'ils ont vécue réellement. Comment apprend-on finalement la réalité ?
- chaque personnage a accès aux pensées des autres
- **chaque personnage éprouve des visions qu'il partage oralement**
- aucun des personnages ne parvient à dissimuler ses mensonges correctement

c) Pour quelle raison n'y a-t-il aucun miroir ?
- les miroirs ne peuvent refléter que les êtres de chair. Puisqu'ils sont morts tous les trois, ces objets leur sont inutiles
- **l'absence de miroir oblige chaque personnage à compter sur les autres pour pouvoir avoir un regard extérieur sur lui-même**
- on ne le sait pas

d) Dans cette pièce, qui est le bourreau ?
- les deux femmes sont les bourreaux de Garcin
- **chaque personne est un bourreau pour les deux autres**
- Garcin et Estelle sont les bourreaux d'Inès

e) Selon Sartre, l'homme est un être libre à la condition que :
- quoi qu'il fasse, il cherche à faire le bien d'autrui
- **quoi qu'il fasse, il assume ses choix jusqu'au bout**
- quoi qu'il fasse, il agisse dans son propre intérêt

3. Quelle est la raison que chacun des personnages avance pour expliquer sa présence en ces lieux ?

- Garcin estime qu'il est en enfer pour avoir déserté l'armée lors de la guerre. Il a d'ailleurs été exécuté parce qu'il refusait de se battre. Il justifie cette conduite par une fidélité sans faille à ses convictions pacifistes.
- Estelle pense que la raison principale de sa présence en enfer est qu'elle a succombé à un bel amant. Cependant, elle ne s'estime pas fautive. Elle n'éprouvait aucun amour pour le vieil homme riche qu'elle avait épousé et ne l'avait fait que pour subvenir aux besoins de son frère malade. Prendre un amant s'avérait donc légitime.
- Inès, enfin, est plus clairvoyante. Elle reconnait avoir séduit Florence, l'épouse de son cousin. Ce dernier étant devenu un rival, elle l'a poussé sous un tramway.

4. Quelle est la cause réelle de leur présence ?

Au fil de l'histoire, Estelle et Garcin sont contraints d'avouer les véritables raisons de leur présence en enfer. En réalité, Garcin a humilié sa femme jusqu'à la faire mourir. Il a fait preuve d'agressivité et de violence vis-à-vis d'elle. De plus, dès qu'il a senti qu'une guerre allait avoir lieu, il a cherché à retourner sa veste. Sa désertion n'est donc pas un acte de bravoure, mais un acte de lâcheté.

Quant à Estelle, elle avoue finalement qu'elle était enceinte de son bel amant et qu'après l'accouchement, pour éviter la rumeur, elle a tué leur enfant. Ce meurtre causa ensuite le suicide de son amant.

Inès, elle, n'a pas cherché à dissimuler la vérité et a avoué ses fautes dès le départ. Mais sa présence s'explique parce qu'elle n'éprouve aucun regret, ni aucun remord face à sa conduite.

5. Intéressez-vous au personnage d'Inès.

    a) Qu'est-ce qui la différencie des autres personnages ?

    Inès est consciente de ses propres travers. Elle est extrêmement lucide à son propos, et reconnait être méchante et aimer faire souffrir autrui. Alors que Garcin et Estelle sont hypocrites, Inès est d'une franchise à toute épreuve.

    b) Quelles sont les conséquences de cette différence de caractère sur les deux autres personnages ?

    Inès empêche Garcin et Estelle de se complaire dans le mensonge. Elle voit extrêmement clair dans leur jeu. Sans sa présence, ils pourraient se mentir l'un à l'autre sans problème, mais elle les contraint à avouer leurs fautes.

6. Dans l'acte V, Garcin propose trois moyens pour éviter que chacun souffre de la présence des autres. Décrivez ces trois moyens.

    - Garcin propose tout d'abord que les trois personnages en présence s'ignorent et demeurent silencieux. S'ils ne s'adressent pas la parole, la cohabitation devrait être possible. Chacun reste alors sur son fauteuil sans prêter attention aux deux autres.
    - Garcin propose ensuite d'entériner un pacte de pitié mutuelle. Chacun oublie ce qu'il sait des autres et fait comme s'il ne connaissait pas leurs crimes. Garcin laisse croire qu'il est convaincu par l'innocence d'Estelle et elle, en contrepartie, feint de croire à son acte héroïque.

- Il propose enfin de fuir. Il tambourine à la porte pour pouvoir s'échapper et obtient la possibilité de quitter la salle.

7. Pourquoi ces trois solutions se révèlent-elles irréalisables ?

Après avoir respecté dans un premier temps le silence, celui-ci disparait rapidement. En effet, Estelle cherche à voir son reflet dans un miroir. L'absence de miroirs oblige la femme à se renseigner auprès des autres sur son apparence physique. La communication est donc nécessaire pour avoir un regard extérieur sur sa propre personne. Ce regard se révèle indispensable à la très superficielle Estelle.

Le deuxième moyen est mis à mal par Inès. Elle commente et interroge chaque réaction d'Estelle ou de Garcin. Elle pousse chacun à reconnaitre ses torts et empêche donc le mensonge.

Lorsque la porte s'ouvre, Garcin ne s'enfuit pas. En effet, fuir ne serait pas solutionner la relation conflictuelle qui les unit tous les trois. Son départ ne lui permettrait pas d'échapper à l'accusation de lâcheté prononcée par Inès. Il faut donc qu'il reste pour la convaincre de son héroïsme. Les autres personnages ne pourraient s'enfuir davantage : Estelle veut séduire Garcin et ne peut l'abandonner. Quant à Inès, c'est Estelle qu'elle cherche à séduire. Chacun est retenu par un autre et retient en même temps un d'entre eux en enfer.

8. Concentrez-vous sur le langage de chaque personnage. Que révèle-t-il au lecteur ?

Sartre utilise de nombreuses expressions familières et parfois vulgaires. Mais il n'a pas recours qu'au registre vulgaire et il contrôle l'usage de ce type de langage. Il utilise une gamme de tonalités très variée : comique, ironique, lyrique et tragique.

Si Sartre utilise un langage ordinaire et varié, c'est pour souligner la spontanéité des personnages. En outre, cela permet de renforcer la vraisemblance d'une scène qui se passe dans un contexte paranormal.

Chaque protagoniste ne s'exprime pas de la même façon. Le langage révèle à la fois les conditions sociales et la mauvaise foi. Garcin utilise des mots abstraits, Inès, plus simple, tutoie et parle avec franchise, sans métaphores, dans un vocabulaire restreint et répétitif. Estelle, quant à elle, conserve les formules de politesse de la bourgeoisie qu'elle fréquente et vouvoie systématiquement. Plus les personnages se dépouillent de leurs mensonges, plus leur langage perd en formules de politesse, en références culturelles et devient net, cru et parfois virulent. Inès, qui n'a pas recours aux mensonges, emploie dès le départ un langage très cru.

9. Peut-on considérer *Huis clos* comme une tragédie ? Justifiez.

Normalement, l'auteur précise lui-même la nature de la pièce qu'il écrit. Sartre ne suit pas cet usage puisqu'il précise uniquement qu'il s'agit d'une « pièce en un acte ». Cette mention témoigne du fait qu'il ne veut pas classer sa pièce dans une catégorie théâtrale ordinaire. De là provient la difficulté de caractériser l'œuvre.

Par certains aspects, elle peut faire penser à une tragédie :

- l'auteur met en évidence le caractère tragique de la condition humaine : dès leur entrée en enfer, tout est joué pour les personnages ;
- les personnages sont impuissants face à un destin qu'ils ont eux-mêmes provoqué et qui leur déplait ;
- les personnages sont dans une attente angoissante.

Pourtant, la pièce se révèle être une antitragédie :

- l'intrigue est inexistante ; il ne se passe rien. Et même si Sartre, comme Racine (poète tragique français, 1639-1699) et d'autres auteurs classiques, place le psychologique au premier plan, il n'y ajoute aucun élément extérieur qui permette de faire évoluer la pièce vers un dénouement ;
- par ailleurs, la pièce ne présente aucun dénouement. Le baisser de rideau ne correspond pas à l'aboutissement de l'histoire. Le trio reste dans cette situation à l'infini. Les héros ne peuvent même pas échapper à leur destin en se suicidant puisqu'ils sont déjà morts ;
- les personnages sont très différents de ceux de la tragédie classique, car ils sont sans caractère et sans vertu. Ce ne sont pas leurs passions, bonnes ou mauvaises, qui les définissent. C'est plutôt la situation dans laquelle ils se trouvent au sein de la pièce. On ne cesse de les caractériser en référence aux deux autres personnages, et non pour ce qu'ils sont réellement ;
- enfin, si, tout comme le fait la tragédie, la pièce fait naitre chez le public une angoisse grandissante, cette angoisse ne s'accompagne jamais d'un espoir, d'une

possibilité d'avenir meilleur. Dès le départ, le destin de chacun est clairement scellé : aucune échappatoire n'est possible.

Par certains aspects, on reconnait clairement la tragédie, par d'autres, la pièce s'y oppose fortement. Le lecteur est perdu face à l'absence de repères cohérents. C'était le désir même de Sartre qui voyait davantage cette pièce comme une comédie. Il est vrai que le comique de situation intervient fréquemment. L'œuvre reste donc impossible à classer dans une catégorie préexistante.

10. Lorsqu'il énonce la fameuse phrase « L'enfer, c'est les autres » à travers la bouche d'Inès, qu'exprime clairement Jean-Paul Sartre ?

Contrairement à ce que l'on pourrait croire, Sartre ne nie pas la possibilité d'une coexistence paisible entre les individus. Certes l'autre représente presque toujours un obstacle et une source potentielle de conflit, mais l'auteur est loin d'affirmer que cet état de fait puisse égaler le supplice des enfers. D'ailleurs, il précise lui-même que c'est lorsqu'ils sont fondés sur le mensonge et le refus d'assumer ses choix que les rapports avec autrui peuvent devenir très difficiles.

Dans *Huis clos*, c'est la mauvaise foi des personnages et leur refus de voir la vérité en face qui est la principale cause de leur supplice. En effet, dans cet univers du Huis clos, il est impossible d'ignorer l'autre et les mensonges ne peuvent pas survivre au regard lucide d'autrui.

En outre, Sartre ajoute deux éléments perturbant toute possibilité d'entente entre les personnages : d'une part, leur nombre est impair, empêchant la formation de clans et provoquant l'exclusion obligatoire d'un des trois ; d'autre part, Inès est homosexuelle. Elle est donc la rivale de Garcin auprès d'Estelle qui, elle, n'éprouve aucune attirance pour les femmes et commence à haïr Inès.

Dans ce cadre, la formule « L'enfer, c'est les autres » met en évidence le fait que chacun est un bourreau pour les deux autres, que chaque personnage contraint les deux autres à assumer l'échec de leur vie.

Très schématiquement, on peut ramener l'analyse à l'idée qu'en présence d'un autre, je suis jugé, pensé, possédé par lui ; je vis le danger permanent d'être réduit à l'état de chose sous son regard. Inversement, tout en étant jugé, pensé, possédé, je juge, je pense, je possède l'autre. Je ne peux donc sortir de cette condition de l'existence : être simultanément sujet et objet, obligé par l'autre à me voir par sa pensée en l'obligeant à se voir à travers la mienne.

POUR ALLER PLUS LOIN

ÉTUDE DE RÉFÉRENCE

- HUTIER J.-B., *Profil d'une œuvre :* Huis clos *de Jean-Paul Sartre*, Paris, Hatier, 1997.

Retrouvez notre offre complète sur lePetitLittéraire.fr

- des fiches de lectures
- des commentaires littéraires
- des questionnaires de lecture
- des résumés

ANOUILH
- Antigone

AUSTEN
- Orgueil et Préjugés

BALZAC
- Eugénie Grandet
- Le Père Goriot
- Illusions perdues

BARJAVEL
- La Nuit des temps

BEAUMARCHAIS
- Le Mariage de Figaro

BECKETT
- En attendant Godot

BRETON
- Nadja

CAMUS
- La Peste
- Les Justes
- L'Étranger

CARRÈRE
- Limonov

CÉLINE
- Voyage au bout de la nuit

CERVANTÈS
- Don Quichotte de la Manche

CHATEAUBRIAND
- Mémoires d'outre-tombe

CHODERLOS DE LACLOS
- Les Liaisons dangereuses

CHRÉTIEN DE TROYES
- Yvain ou le Chevalier au lion

CHRISTIE
- Dix Petits Nègres

CLAUDEL
- La Petite Fille de Monsieur Linh
- Le Rapport de Brodeck

COELHO
- L'Alchimiste

CONAN DOYLE
- Le Chien des Baskerville

DAI SIJIE
- Balzac et la Petite
- Tailleuse chinoise

DE GAULLE
- Mémoires de guerre III. Le Salut. 1944-1946

DE VIGAN
- No et moi

DICKER
- La Vérité sur l'affaire Harry Quebert

DIDEROT
- Supplément au Voyage de Bougainville

DUMAS
- Les Trois Mousquetaires

ÉNARD
- Parlez-leur de batailles, de rois et d'éléphants

FERRARI
- Le Sermon sur la chute de Rome

FLAUBERT
- Madame Bovary

FRANK
- Journal d'Anne Frank

FRED VARGAS
- Pars vite et reviens tard

GARY
- La Vie devant soi

GAUDÉ
- La Mort du roi Tsongor
- Le Soleil des Scorta

GAUTIER
- La Morte amoureuse
- Le Capitaine Fracasse

GAVALDA
- 35 kilos d'espoir

GIDE
- Les Faux-Monnayeurs

GIONO
- Le Grand Troupeau
- Le Hussard sur le toit

GIRAUDOUX
- La guerre de Troie n'aura pas lieu

GOLDING
- Sa Majesté des Mouches

GRIMBERT
- Un secret

HEMINGWAY
- Le Vieil Homme et la Mer

HESSEL
- Indignez-vous !

HOMÈRE
- L'Odyssée

HUGO
- Le Dernier Jour d'un condamné
- Les Misérables
- Notre-Dame de Paris

HUXLEY
- Le Meilleur des mondes

IONESCO
- Rhinocéros
- La Cantatrice chauve

JARY
- Ubu roi

JENNI
- L'Art français de la guerre

JOFFO
- Un sac de billes

KAFKA
- La Métamorphose

KEROUAC
- Sur la route

KESSEL
- Le Lion

LARSSON
- Millenium I. Les hommes qui n'aimaient pas les femmes

LE CLÉZIO
- Mondo

LEVI
- Si c'est un homme

LEVY
- Et si c'était vrai...

MAALOUF
- Léon l'Africain

MALRAUX
- La Condition humaine

MARIVAUX
- La Double Inconstance
- Le Jeu de l'amour et du hasard

MARTINEZ
- Du domaine des murmures

MAUPASSANT
- Boule de suif
- Le Horla
- Une vie

MAURIAC
- Le Nœud de vipères

MAURIAC
- Le Sagouin

MÉRIMÉE
- Tamango
- Colomba

MERLE
- La mort est mon métier

MOLIÈRE
- Le Misanthrope
- L'Avare
- Le Bourgeois gentilhomme

MONTAIGNE
- Essais

MORPURGO
- Le Roi Arthur

MUSSET
- Lorenzaccio

MUSSO
- Que serais-je sans toi ?

NOTHOMB
- Stupeur et Tremblements

ORWELL
- La Ferme des animaux
- 1984

PAGNOL
- La Gloire de mon père

PANCOL
- Les Yeux jaunes des crocodiles

PASCAL
- Pensées

PENNAC
- Au bonheur des ogres

POE
- La Chute de la maison Usher

PROUST
- Du côté de chez Swann

QUENEAU
- Zazie dans le métro

QUIGNARD
- Tous les matins du monde

RABELAIS
- Gargantua

Racine
- Andromaque
- Britannicus
- Phèdre

Rousseau
- Confessions

Rostand
- Cyrano de Bergerac

Rowling
- Harry Potter à l'école des sorciers

Saint-Exupéry
- Le Petit Prince
- Vol de nuit

Sartre
- Huis clos
- La Nausée
- Les Mouches

Schlink
- Le Liseur

Schmitt
- La Part de l'autre
- Oscar et la Dame rose

Sepulveda
- Le Vieux qui lisait des romans d'amour

Shakespeare
- Roméo et Juliette

Simenon
- Le Chien jaune

Steeman
- L'Assassin habite au 21

Steinbeck
- Des souris et des hommes

Stendhal
- Le Rouge et le Noir

Stevenson
- L'Île au trésor

Süskind
- Le Parfum

Tolstoï
- Anna Karénine

Tournier
- Vendredi ou la Vie sauvage

Toussaint
- Fuir

Uhlman
- L'Ami retrouvé

Verne
- Le Tour du monde en 80 jours
- Vingt mille lieues sous les mers
- Voyage au centre de la terre

Vian
- L'Écume des jours

Voltaire
- Candide

Wells
- La Guerre des mondes

Yourcenar
- Mémoires d'Hadrien

Zola
- Au bonheur des dames
- L'Assommoir
- Germinal

Zweig
- Le Joueur d'échecs

Et beaucoup d'autres sur lePetitLittéraire.fr

© lePetitLittéraire.fr, 2014. Tous droits réservés.

www.lepetitlitteraire.fr

ISBN version imprimée : 978-2-8062-6069-7
ISBN version numérique : 978-2-8062-3425-4
Dépôt légal : D/2014/12603/291

Conception numérique : Primento,
le partenaire numérique des éditeurs